性烈如火，南方之神：朱雀

🌀 形象传说

在中国古代神话传说中，朱雀与白虎、青龙、玄武合称为"四方神兽""四灵""四象"，镇守四方。根据专家的考察研究，这种概念是古人将想象而成的 4 种动物形象与东、南、西、北 4 个方向的星象联系起来形成的，朱雀被视作代表南方的神兽。

根据不同文献的记载，朱雀有着不同的形象，但总的来说，朱雀是火的象征，有着红宝石般的犀利眼睛，长着尖锐的鹰嘴，让人望而生畏。它的身姿挺拔健硕，浑身覆盖赤色的羽毛，在空中飞舞时，犹如一团跃动的火焰。传说，朱雀所到之处，光芒四射，照亮大地。

朱雀象征着天下太平、吉祥和谐，在古代的影响力与龙不相上下，所以被广泛用于建筑和器物的纹路装饰。

目录

图书在版编目（ＣＩＰ）数据

故宫里的瑞兽 ／ 故宫宫廷文化著． — 北京 ： 北京
出版社，2023.6
　ISBN 978-7-200-17996-5

　Ⅰ. ①故… Ⅱ. ①故… Ⅲ. ①故宫—北京—少儿读物
Ⅳ.①K928.74-49

中国国家版本馆CIP数据核字(2023)第116937号

策　　　划：京版若晴　美术编辑：程　志　耿　雯
特约策划：恢恢张　美术监修：苏　坤
责任编辑：李文珂　营销推广：常歆玮　郑　龙　安天训
责任印制：刘文豪　　　　　　　齐保月　王　岩　王　尊

京版若晴

故宫里的瑞兽
GUGONG LI DE RUISHOU

故宫宫廷文化　著

＊

北 京 出 版 集 团
北 京 出 版 社 出版

（北京北三环中路6号）

邮政编码：100120

网址：ｗｗｗ．ｂｐｈ．ｃｏｍ．ｃｎ

北 京 出 版 集 团 总 发 行
新 华 书 店 经 销
雅迪云印（天津）科技有限公司印刷

＊

238毫米×308毫米　11 印张　131千字
2023年6月第1版　2023年6月第1次印刷
ISBN 978-7-200-17996-5

定价：98.00元
如有印装质量问题，由本社负责调换
质量监督电话：010-58572393
责任编辑电话：010-58572417

故宫里的瑞兽

故宫宫廷文化　著

北京出版集团

北京出版社

午门

朱雀是诞生在南方的神鸟，也代表着南方的方位。朱雀跨越山海飞进故宫，飞到了故宫的南门——午门，然后在这里栖息下来。

从高空向下看，午门由5部分组成：中间高大的重檐正楼，就像是朱雀的身体；两侧各有两座阙楼，就像是朱雀展开的双翼。因此，午门还有一个美丽的名字——五凤楼，而午门两侧的阙楼，也被叫作雁翅楼。

作为北京故宫的正门，午门各处设计都非常用心。

我们先来看看午门的门洞，午门从正面看有3个门洞。在封建时代，正中间的这个门洞是皇帝走的，此外，皇帝大婚时，皇后乘坐的喜轿可以从中门进宫，以及科举考试选拔出的状元、榜眼、探花可以从中门出宫。东侧的门供文武官员出入，西侧的门供宗室王公出入。

午门还藏着一个非常考验你观察能力的小秘密。当你走进午门，转过身看才会发现，午门从背面看居然有5个门洞！"丢失"的两个门洞藏在雁翅楼的下面，因为太隐秘，很不容易被发现。因此，午门的门洞数量又叫作"明三暗五"。而这两个暗门，只有在举行大型活动的时候才会开启。

每逢重大典礼及重要节日，都要在午门陈设体现皇帝威严的仪仗。每年腊月初一，要在午门举行颁布次年历书的"颁朔"典礼。遇有重大战争，大军凯旋时，要在午门举行向皇帝敬献战俘的"献俘礼"。在民间传说中，有句话叫"推出午门斩首"，但这句话是错误的，因为如此重要的地方作为杀人刑场是根本不可能的。

大家好，我是朱雀。

🌸 朱雀与凤凰

神鸟的形象频繁地出现在各个历史朝代的文物中。其中，凤凰和朱雀又是出现频率比较高的。因为朱雀和凤凰的形象非常相似，所以很多人无法区分两者，在这里，可以给大家说两个区分的小方法。

门扉
汉代

汉瓦
汉代

唐砖
唐代

1. 如果是单独出现的，或者是"四象"元素一起出现的，那就是朱雀；如果是多只出现，或者是与龙共舞、相依相嬉的，就是凤凰。

2. 在出土文物中，朱雀的形象更加简单，如果着色的话，就一定是红色；凤凰的形象更加复杂，常常多只一起出现，如果着色的话，可能有 5 种不同的颜色。

朱雀云纹玉珩（héng）

玉珩，是佩饰的一种。古人觉得玉是君子的象征，于是佩戴雕刻有美好寓意的花纹或者瑞兽图案的玉器，表达了人们的美好向往与祝福。

这些图案，正是中国历史中最为璀璨的艺术之一——纹饰。

上图是一块朱雀云纹玉珩。玉珩的正面用细细的线条雕琢了一只神气的朱雀，周围是鸟和流云的图案，反面则雕刻着火焰状的流云。

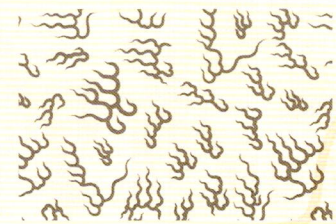

从现存的考古记录推断，它有约 1600 年的历史。久远的时光，为它增添了大面积的沁色，不为人知的故事中，它一定经历过火的考验，所以才留下了黑色灼痕。即便如此，它依旧是一块美丽的玉珩。

🌀 吹箫引凤

　　在《列仙传》中有一个春秋时期的故事。秦穆公有一个女儿，名字叫弄玉。弄玉很喜欢一个叫萧史的人，秦穆公就把女儿嫁给了他。两人成婚之后，萧史每天教弄玉吹箫模仿凤鸣。过了几年，弄玉吹得就像真的凤鸣了，于是就有凤凰停留在屋子上。秦穆公为他们建造了凤台，萧史、弄玉夫妇住在凤台之上，不下地面有数年之久。有一天，两人都乘着凤凰飞走了。

　　《吹箫引凤》描绘的就是萧史、弄玉两人合奏引来凤凰的画面。

正义勇猛，西方之神：白虎

形象传说

在中国古代神话传说中，同样作为"四方神兽"，虎镇守的是西方，它有着辟邪、禳灾、祈丰、惩恶、扬善等多种象征意义，也是正义、勇猛、威严的象征。

白虎崇拜源自人们对虎的崇拜，历史非常悠久。新石器时代良渚文化中的玉琮的兽面，以及殷商青铜器上的兽面都有与虎相似的形象。传说，在中国的西南部，曾经有一个名为巴人的族群，他们的首领叫作廪君，廪君正义勇敢，守护着族群，死后化为白虎继续承担守护族群的任务。从此，巴人将白虎作为他们族群文化中重要的一部分。直到今天，依旧有一些少数民族自称为虎的后人，保留着关于虎的节日。而汉族习惯将虎称为"百兽之王"。

西华门

西华门是北京故宫的西门，也是白虎所处的方位。这座门不在北京故宫城垣西侧的正中，而是更加靠近午门。除了作为进出北京故宫的通道外，这座城门的城楼也是一座库房——国家举行阅兵仪式时使用的铠甲和武器都储存在这里。

由于西华门正对着皇家园林西苑，所以清朝帝后去游览西苑的时候大多都走这座门。公元1751年皇太后六十寿诞，以及公元1790年乾隆皇帝八旬万寿节，西华门以外，经西直门以至海淀一带，沿途张灯结彩，并设彩棚乐戏，隆重庆贺。

清朝末期，八国联军攻打京城，慈禧太后、光绪皇帝一行即由西华门离宫，仓皇西逃。

所以，西华门也是一座见证了封建王朝兴衰的大门。

"四象"与瓦当

当先民们还住在洞穴里的时候，他们发现，在烧火、煮饭的位置附近，土会变坚硬，能抗高温，还能防水。经过先民们反复尝试，陶器诞生了，在陶器的基础上，砖瓦也诞生了。砖瓦的出现，让中国建筑发生了质的变化，瓦当也在这种变化中应运而生。

瓦当俗称瓦头，是覆盖建筑檐头筒瓦前端的遮挡，起着保护木质飞檐和美化屋面轮廓的作用。

秦代以前的瓦当是半圆形的，之后逐渐被圆形取代。人们在瓦当上以图形、文字等方式寄予对生活的美好祝福，"四象"由于在神话传说体系中属于"四方之神"，更是常被用作瓦当上的图案。

我们看到的这枚瓦当，就是一枚"白虎纹瓦当"，是汉代的文物。

白虎纹瓦当

威风凛凛，
小白虎。

商

玉虎形佩

玉虎呈匍匐状，四爪前伸，动感十足。口及尾部均有钻孔，可系挂。

汉

虎食羊铜饰牌

栩栩如生地再现了草原上猛虎捕食到猎物后的瞬间形态，生动传神。寓意佩戴者驰骋草原的勇者气概。

金

褐釉彩绘虎形枕

枕呈卧虎形。虎背做枕面，其上白色为地，以黑彩绘芦塘秋禽图，将秋景萧瑟的意境表现得淋漓尽致。虎身为枕身，在黄釉下以黑彩描绘模仿虎皮斑纹。

明

青玉十二辰·虎

青玉质地，圆雕。生肖为兽首人身坐像，身着交领长衫，手中提花篮，所雕琢的动物神态各异，十分生动有趣。

清

布老虎

布老虎头颅硕大，尾长，造型雄壮。全身彩绘虎斑，憨态可掬。

虎符

根据现有的记载，虎符盛行于战国、秦、汉时期。上图是战国时期的辟大夫虎符。

虎符多用青铜制作，象征着指挥军队的权力。一支军队对应着一对虎符。左半发给地方官吏或统兵的将帅。调兵的时候，朝廷会派人带着右半虎符去与地方军事长官验合。只有虎符合而为一，命令才能生效。

《史记》中记载，战国时期，秦国发兵围困了赵国的邯郸，赵国的平原君求助于魏国。魏王派了本国的大将军晋鄙率领十万大军前去解救。但是接到命令的晋鄙却十分畏惧秦国的军队，按兵不动开始观望。情况危急之下，魏国信陵君拜托魏王的夫人如姬偷走了虎符，信陵君拿着虎符夺得了军权，最终成功化解了危机。

狮吼震天，护卫之责：狮子

狮子是在两汉时期传入中国的，并不是本土生物。汉武帝时期，张骞出使西域，打通了中国与西域各国之间的联系，狮子也作为"殊方异物"传入中国。

远道而来的狮子有着长长的鬃毛，吼叫声震耳欲聋。由于它的形象高大威猛，很快就获得了中国人民的喜爱。人们将狮子的形象与中华传统文化、佛教文化相结合，让狮子有了辟邪、守护等象征意义。后来，人们就在建筑物门前放置狮子的雕像，守护家宅平安吉祥。

雌雄狮子通常会一同出现，左右而立。想要分辨它们非常容易，通常雄狮子的脚下会踩着一个绣球，雌狮子的脚下是小狮子。

故宫里面有6对不同的铜狮子被摆放在宫殿门前。其中，以太和门前的狮子个头最大，这对狮子的造型非常优美，与太和门的雄伟、高大非常相称，而这对狮子也是故宫6对狮子中唯一没有镏金的铜狮。剩下的5对狮子，则都是镏金铜狮，它们成双结对地被分别放置在乾清门、宁寿门、养性门、养心门和长春宫门前。

　　在漫长的历史发展过程中，中国的艺术家们对狮子的形象进行了加工改造，形成了独特的艺术造型。比如，自然界中的母狮是没有鬃毛的，但是在中国艺术家的笔下，不管是雄狮还是雌狮都有一圈鬃毛；再比如说，自然界中的狮子非常高大威猛，但是在中国民间的艺术形象中，狮子的形象也经常被刻画得憨态可掬；喜欢狮子的人们还发展出了狮子舞，融入大家的日常

生活之中。到了唐代，狮子舞甚至成为宫廷表演中固定的一部分。随着朝代的更迭，狮子舞从宫廷流传到民间，并且随着地域的不同，发展出了不同的狮舞文化。目前大家熟知的狮舞也叫舞狮，分为南狮、北狮。

金水河与火灾预警

金水桥坐落在金水河之上。你知道吗？在北京有两条金水河，分别是外金水河和内金水河。

外金水河从天安门前流过，将故宫围在中间，是故宫的护城河，也叫筒子河。内金水河则从太和门广场前流过，并从故宫的东南角流出。整体的设计将内金水河与宫殿景观融为一体，成为故宫的一部分，工匠们的巧思，尽显于此。

内金水河不仅是故宫的一处建筑景观，也是故宫的防火取水地。

故宫是中国最大的木结构建筑群，极易发生火灾。从明代故宫建成到清代最后一个皇帝溥仪退位，有记载的火灾就有七八十次之多。出现了火情，内金水河的作用就体现了出来：它可以尽可能快地提供水源，协助灭火。

为了保证金水河的水能够顺畅地流淌，人们按照"春除草、夏注水、秋清叶、冬凿冰"的传统治理金水河。

　　即使是在故宫内已经驻扎了消防队员的今天，在使用更现代的防火、救火技术的同时，工作人员依旧传承着这个古老的治理金水河的传统。

小狮子，坐门墩。

插屏紫檀木质，屏心两面皆在紫檀木上以螺钿、青金石等为原料镶嵌图案，一面为梅花图，一面为番人戏狮图，是一件精美的明式家具。

门枕俗称门墩、门座、门台、镇门石等，是安置在门槛内外两侧、稳固大门转轴的一个功能构件，因形似门框的枕头，故被称为门枕。此门枕上部为小狮子，幼狮半蹲卧状，龇牙咧嘴，显得温驯可爱。狮子在此起镇门辟邪的作用。

石狮子门枕

丝绸之路与西域献狮

中国并不是狮子的产地，为什么却有着如此深厚的狮文化呢？这就要从汉代汉武帝派遣使者张骞出使西域开始说起了。

公元前 139 年，汉武帝派遣张骞出使西域，张骞由长安（今西安）出发，经历了数不清的艰难险阻，历时 13 年之久，成功地联通了当时西汉与中亚、西亚、南亚等地区，开辟了一条陆地上的交通要道。公元前 119 年，张骞第二次出使西域，彻底巩固了这条出使之路。这也是陆上丝绸之路的由来。

这条道路对于中国的历史、文化发展影响都是巨大的，我们了解到世界的广袤和不同的风土人情，我们的文化也受到了外来文化的影响，狮子就是其中之一。在《汉书》《后汉书》中都分别有记载，公元 87 年、88 年，月氏国（今克什米亚、阿富汗）和安息国（古波斯）都有使者进献狮子。

伴随着陆上丝绸之路的开辟，狮子随着西方的使者进入了中国，彻底融入中国的传统文化之中。

明宪宗元宵行乐图

明辨是非，刚正不阿：獬豸

● 形象传说

传说在上古时期，尧舜的司法官皋陶养了一只神羊，名叫獬豸（xiè zhì），它头上长着一只独角，眼睛明亮有神。当皋陶审案的时候，就会让獬豸听听辩词，如果有人隐瞒了实情，獬豸就会用独角把他顶倒。由于獬豸能够听懂人话，明白人们内心的想法，有判断是非曲直的能力，久而久之，獬豸就成为公平、正义的代表，它的形象也进入了日常生活之中。人们将獬豸的特点总结为"不直者去之"，意思是如果遇到了不公平的事情或者坏人，獬豸就会用自己的角撞翻他。所以，在封建时代司法官员的衣服上常常绣上獬豸的纹样，象征着对司法公正的期盼。

在故宫之中，太和殿、乾清宫、钦安殿等地方都有獬豸的形象。

故宫天一门前獬豸

獬豸的形象变化

我们现在看到的獬豸，身披鳞片，独角凸嘴，有尖锐的爪子，在它的身上能看出龙或者麒麟的影子。其实，獬豸的造型在历史的长河中有过多次变化。

目前常见的关于獬豸形象的文献记载主要有似牛、似羊、似鹿、如麟4种说法。出土的汉代文物中，多以羊形为主；南北朝文物以牛马形为主；从隋唐到宋明，又逐渐演变为鹿形、麒麟形；我们现在看到的形象，其实是明清时期确定的龙形、麒麟形。

正义的宝宝。

太和殿的屋脊兽

屋脊兽是我国古代建筑中放置在房屋、宫殿等房脊上的雕塑作品。古代建筑上的一排小兽最多的是故宫的太和殿，有 10 个之多，分布在房屋两端的垂脊上，分别是：龙、凤、狮子、天马、海马、狻猊（suān ní）、押鱼、獬豸、斗牛、行什。

在古代的礼制规定中，屋脊兽的数量是有明确规定的，不同等级的建筑，屋脊兽数量也是不同的。故宫内，太和殿因为其等级最高，所以屋

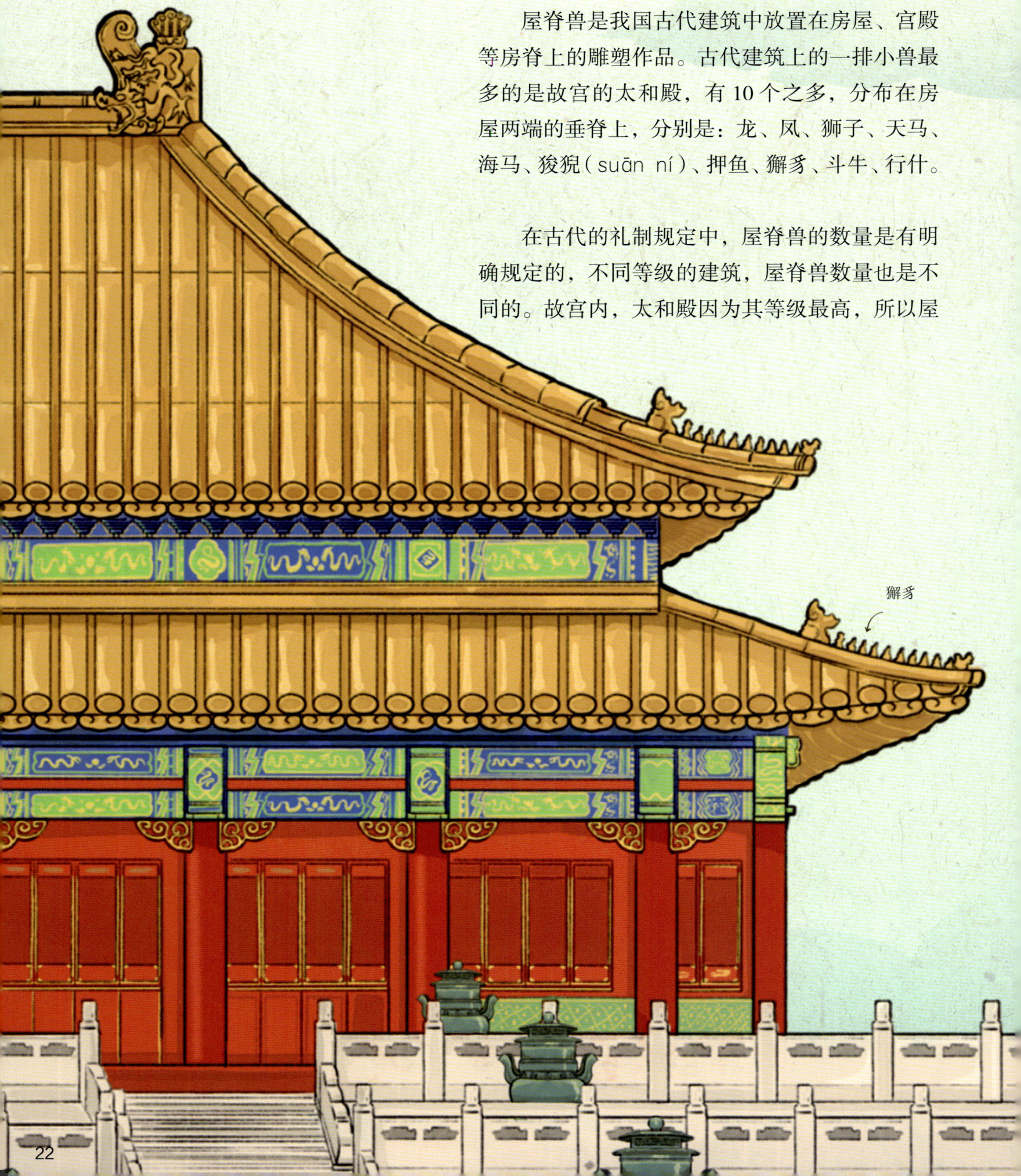

獬豸

獬豸琉璃瓦

掐丝珐琅异兽镇纸

异兽一般取材于自然界中动物形象，并加以变形夸张，使之神异化。此镇纸之造型应为古代传说中的獬豸，《晋书·舆服志》记："獬豸，神羊，能触邪佞。"古人认为其能镇妖辟邪、分辨曲直。

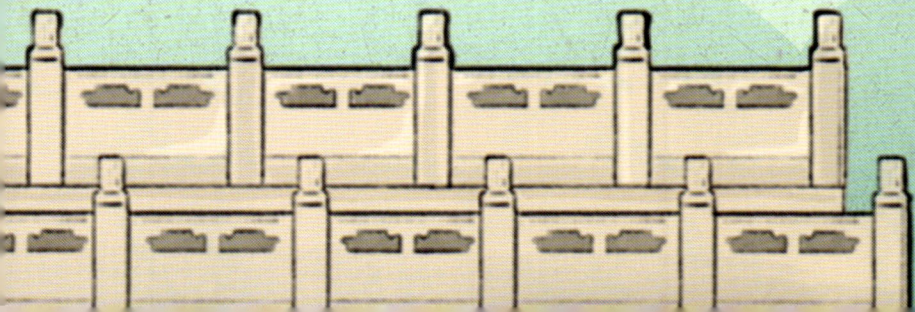

脊兽是最全的，下次看到了，不要忘记数一数。

那么，屋脊兽是做什么用的呢？

首先，它们起到了保护建筑的作用。屋脊兽安放的位置是两个斜屋面交会处，用屋脊兽加以密封，可以防止雨水渗入建筑物主体。

其次，它们具有祈祷的作用。古代的建筑抗灾祸能力比较弱，屋脊兽是由各种瑞兽组成，人们将屋脊兽置于屋顶，也是祈求平安与美好。

最后，就是装饰的作用。中国房屋的形式多样，构件华美多变，屋脊兽可以让各个构件的连接显得更加和谐美观。

"四库七阁"

清乾隆中期，乾隆皇帝想要汇集天下文本进行整理和记录，这就是"四库全书"的由来。在整个编撰过程中，也对上古留传至今的经史子集进行了修订，这是中国历史上一次重大的文献整理活动，但是在当时的社会背景和统治阶级的要求下，在整理过程中也去掉一些不被当时皇室所喜欢的内容。因此这次整理活动，其影响是双重的。

"四库全书"共收书3460余种，79300余卷（文渊阁本），数量极其庞大。完成之后，乾隆皇帝下令抄了7套，分别藏于不同地方。而故宫里的那套，就收藏在文渊阁。

文渊阁是仿照著名藏书阁宁波天一阁所造，这样的藏书阁共计7座，除了故宫的文渊阁，还有圆明园的文源阁、承德避

暑山庄的文津阁、沈阳的文溯阁、镇江金山寺内的文宗阁、扬州的文汇阁和杭州西湖孤山的文澜阁。也就是著名的"四库七阁"。

七大藏书阁，皆以文为首，第二个字多从水旁，象征中华文化源远流长。1860年10月，圆明园文源阁被英法联军抢掠一空之后，被付之一炬。文宗阁和文汇阁在19世纪中叶毁于大火，这不仅是中国的损失，也是世界历史文化的重大损失。

岳峙渊渟，东方之神：青龙

🌀 形象传说

　　作为"四方神兽"中的东方之神，青龙也是虚构出来的形象。不同的典籍对于青龙的形象有不同的记载，但大体上，青龙的身体像是一条长蛇，长着鲤鱼的尾巴、麒麟的头，脸上还有长长的胡须，相貌非常的威武。

　　而且龙还和古代天文学及历法密切相关。古人观测到天空的角、亢、氐、房、心、尾、箕 7 颗恒星，将这 7 颗恒星统称为东方七宿，也叫龙星。

　　农历二月，人们在东方的夜空中看到龙角（角宿）抬起时，就知道"龙抬头"了，也就是春耕的时节到了。各地方会举办各式各样与龙有关的活动，如吃龙食、剃龙头、起龙船等，希望能有一个好收成。

　　中国古代还有一句谚语："二月二龙抬头，八月二龙收尾。"随着龙星位置的变化，农耕也会进

角宿
亢宿
氐宿
房宿
心宿
尾宿
箕宿

东方七宿

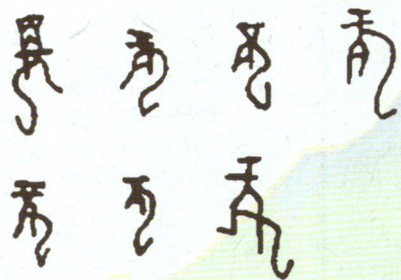

甲骨文—龙

金文—龙

入不同的阶段。

　　龙星非常重要，有资料记载，当人们试图用固定的图形记录青龙的时候，可能也是根据 7 颗星星的位置想象而来。

🌀 太和殿的金龙藻井

龙与皇帝常常联系在一起。因此，龙的地位，在故宫内至高无上。故宫内地位最尊崇、规模最宏伟的宫殿——太和殿内，就有龙的"藏身之地"。

太和殿又叫金銮殿，明、清两代有22位皇帝在这里完成自己即位的仪式，同样在这里完成他们的大婚仪式、派将出征以及接受百官朝拜等重要活动。

太和殿因为其在故宫的重要地位，装饰得金碧辉煌。你可以看到密集的梁下斗拱，富丽的彩画，大殿内金砖铺就的闪闪发光的地面，贴成金色的巨

柱，但最特别的，还是宝座上方的金龙藻井。

藻井是宫殿、寺庙等穹顶上的一种传统装饰，也叫龙井。太和殿的藻井，是目前保存最完整的宫殿藻井之一，代表着皇室高贵的地位。在太和殿藻井正中间，有一条造型威武的蟠龙，通体金黄，富有典型的皇家色彩，而蟠龙嘴里还叼着由水银制成的轩辕镜，正对着下方的宝座，象征着皇室高高在上。

藻井

🌸 千里江山图

　　《千里江山图》是中国十大传世名画之一，也是宋代青绿山水的典型代表作之一。

　　这是一幅宏伟的卷轴，纵 51.5 厘米，横 1191.5 厘米。在这幅画作上，你能看到绵延的山峰，浩渺的烟波，而在崇山峻岭之间，人们生活的痕迹点缀其间。山水灵动，人来客往，仿佛是一幅活的画卷。年少的作者用珍贵的矿物颜料描绘了一幅宏伟平和的江山秀丽美景，在历经千年后依旧艳丽夺目。

在这幅宏伟画卷的背后，还隐藏了一段传奇故事，一位天才少年仅凭一幅画作就做到青史留名。

《千里江山图》的作者叫王希孟，这位少年天才，出身于宋徽宗时期的官方机构——宣和画院，早早就展现了其惊人的天赋，深得宋徽宗赵佶的赏识，在经过赵佶亲自教学后，王希孟在年仅 18 岁时，用不到半年的时间就画下了这一幅巨作。

说到宣和画院，同为中国十大传世名画之一的《清明上河图》，同样出自这里。

而这个功劳的归属，就不得不提到宋徽宗赵佶。他是宋代的第八位皇帝，在位时间超过 20 年。他在位期间，极力推动书画艺术的发展，虽然他不能算是一个合格的皇帝，但他对中国艺术发展做出了不可磨灭的贡献。他艺术造诣极深，甚至还自创了留传后世的书法风格——"瘦金体"。

31

知晓天下，辟邪纳福：白泽

🌀 形象传说

传说白泽是一种神兽，居住在东望山中。当统治者德行高尚，它就会不期而至。有一次，黄帝在巡视天下的时候，就在海边与白泽不期而遇了。白泽精通人类的语言，主动与黄帝交流起来。白泽学识渊博，不仅知晓天下所有精怪的名字、样貌，还知道这些精怪出现预示着什么以及应对之法。黄帝就让人把白泽的话以图文的形式记录下来，做成了一本书，就是《白泽图》。

随着《白泽图》的传播，白泽也渐渐成为辟邪的象征，古代人们会将白泽绣到枕头上或者贴到门上，寻求更好的精神慰藉。不过，白泽并没有固定的形象，不同时代的白泽形象也有所不同，有些像狮子，有些像麒麟……

随着朝代更迭，世事变化，《白泽图》

似也早已变成了传说。直至 20 世纪初，法国人保罗·伯希和来到了敦煌，带走了大量无法估算价值的珍贵文物，在随后公布的文献目录中，大家赫然发现了两份唐代《白泽图》残卷。《白泽图》这才重新面世。

现如今，这两卷珍贵的文献分别被收藏于法国国家图书馆与大英图书馆。

学霸就是，啥都知道！

奉先殿

白泽能看到过去，也能通晓未来，使人逢凶化吉。白泽能够帮助人们了解历史，庇护英灵。奉先殿就是这样一个祭祀天地生灵、祭祀先辈的地方。

奉先殿位于北京故宫内廷的东侧，是明清皇室祭祀祖先的家庙，也被称作"小太庙"。

但奉先殿和太庙还是有很大区别的。太庙祭祀的是国家范围的祖先，包括三皇五帝，而奉先殿祭祀的是本朝代的祖先，比如明代的时候，奉先殿就只祭祀明代的祖先，清代的时候，奉先殿就只祭祀清代的祖先。

奉先殿分为前殿和后殿两个部分，前殿是正殿，后殿是寝殿。按照清代的礼制，凡遇朔望、万寿圣节及国家大庆等，大祭于前殿；遇到列圣列后圣诞、忌辰及元宵、清明、中元、霜降、岁除等日，于后殿上香行礼；凡上徽号、册立、册封、御经筵、耕耤、谒陵、巡狩、回銮及诸庆典，均抵于后殿。

🌀 盛行的白泽文化

中国古代很盛行白泽文化，传说白泽还是神仙的坐骑。我们如果看过《西游记》，肯定对故事中神仙们的坐骑印象非常深刻。太乙真人可以骑着仙鹤飞翔，南极仙翁则坐在仙鹿的背上悠然自得，它们是神仙身份的象征，还是神仙作战时最亲密的战友，能够陪伴神仙降妖除魔。白泽是天师钟馗的坐骑，钟馗的职责就是降妖除魔，这和白泽能够驱凶辟邪的功能非常契合。除了出现在神话传说中，白泽还经常出现在日用品上，比如白泽枕。人们将白泽的形象镌刻在枕头上，希望白泽守护人们的梦境，驱邪辟魔，让人不会被噩梦侵扰。所以中国古代会有长辈送给孩子白泽枕的传统，寄托平安幸福的美好祝愿寓意。再比如白泽笔，在神话故事中，白泽笔是用白泽尾巴的毛发制作的，这种笔可以修改字迹，还能修复古画，让已经被损坏的古画重新焕发光彩。

《鸟谱》与《兽谱》

历朝历代都有如同《白泽图》那样记录各种瑞兽的书籍。在这些书籍中，清代乾隆年间创作的《鸟谱》和《兽谱》非常具有代表性。

1750 年，中国处于被后世称为"康乾盛世"之时，国力强盛。大臣蒋廷锡在吸取了西方绘画技巧的基础上，以一种非常写实的画风为乾隆献上了《鸟谱》，里面栩栩如生地绘制了各种鸟类，仿佛真正的鸟儿就站在画中。

乾隆大喜，还命令当时的宫廷画师余省、张为邦共同摹绘一套副本留存，同年《兽谱》也一并列入了计划。

《兽谱》将神话传说中的动物、现实中的动物分门别类，共绘制了瑞兽、异兽、神兽以

鸟谱

及各种普通类动物 180 种，并对每一种动物的名称、习性与生活环境等都做了详细说明，是一部图文并茂的动物图志。为我们探求动物的生活习性，了解它们的历史演变、地理环境、神话传说，以及清廷与动物原产国之间的交往等提供了丰富的资料，具有重要的史料价值。

高雅出尘，修身养性：仙鹤

形象传说

昔人已乘黄鹤去，此地空余黄鹤楼。
黄鹤一去不复返，白云千载空悠悠。

唐人崔颢的这首古诗《黄鹤楼》脍炙人口，这里提到的黄鹤，其实就是我们这一篇要讲的主角，仙鹤（丹顶鹤）。

魏晋南北朝时期，随着道教的发展，仙鹤成为道教中重要的符号象征。仙鹤凭借其飘逸、优美的外形，以及人们对其赋予的故事，成为长寿、成仙的象征。著名的"梅妻鹤子"的故事，更是赋予了仙鹤更深的文化含义。

北宋时期著名的诗人林逋，是出了名的爱梅喜鹤之人，他隐居在西湖附近的孤山附近，种了很多棵梅树，并养了一对仙鹤。据说这对仙鹤非常通人性，在林逋出名后很多人慕名拜访，但林逋经常出游，不在家中，所以当客人拜访之时，林逋家的童子就放出仙鹤。仙鹤盘旋于空中，鹤鸣声声，林逋听到后就知道有人拜访，返回家中接待客人。

鹤鸣于九皋，
声闻于天。

林逋终身未娶，生前作了非常多咏梅咏鹤的诗，去世后被宋仁宗赐谥号和靖先生，"梅妻鹤子"之说也流传了下来。

此时的人们已经将鹤精神化、人格化，用仙鹤来比喻高尚的品德。仙鹤除了品行高洁，还寓意步步高升。因为仙鹤在古代是仅次于凤凰的鸟，也被称作"一品鸟"，清代一品文官的衣服上就绣着仙鹤的图案。

养心殿

仙鹤，姿态非常优雅，被古人看作品行高洁的动物。古人向仙鹤学习，是取高雅出尘、修身养性之意。

故宫内，也有一座用来修身养性的宫殿——养心殿。

养心殿位于故宫内廷的西侧，这里最初是皇帝临时休息的场地，后来逐渐成为皇帝居住、学习以及处理国家大事的场地。清代从雍正皇帝开始，一共有8位皇帝居住在这里。

养心殿的布置非常朴素，主要设施有皇帝的椅子、书桌以及椅子后面的书架。书架上摆放着历代皇帝写的治国理政的经验，新皇帝登基，一定会来这里读书学习的。

雍正皇帝最早选择住在养心殿，主要就是因为养心殿的布置非常朴素，修身养性，可以作为天下人勤俭节约的表率。

在雍正帝之前，养心殿还做过康熙皇帝的书房。

1689年，法国的神甫张诚受康熙皇帝之命，同葡萄牙人徐日昇神甫一起参与了与俄国划分边界的谈判，并在索额图、佟国纲率领的使团中担任译员。他们出色的工作不光赢得了中俄双方的好感，也赢得了康熙皇帝的信任，并进一步引发了康熙皇帝学习西方科学的兴趣。康熙皇帝便命徐日昇、张诚，还有安多、白晋等进宫

康熙朝地球仪

教授康熙皇帝数学知识，学习的地点主要在养心殿。

在养心殿，康熙皇帝的研究成果很显著。他亲自演算并整理了一本学术论文《积求勾股法》，现在数学上所用的根、元、次等词都是他的发明。在地理上，康熙皇帝主持绘制了《皇舆全览图》，这是中国第一幅绘有经纬网的全国地图，也是当时最精确的世界地图之一。

🌀 莲鹤方壶

右侧是一尊莲鹤方壶，是春秋时期的青铜器。

莲鹤方壶最吸引我们目光的，自然就是最上面，在莲花中振翅欲飞的仙鹤了。仙鹤的姿态轻盈、优美，像要在此高歌一曲。

莲鹤方壶将莲花与仙鹤作为组合放在一起。莲花出淤泥而不染，品行非常高洁；而仙鹤也是品行高洁的象征，寓意向仙鹤学习，就可以修身养性。

在莲花花瓣的下面，就是整个方形壶的壶体了，镂空的双龙耳较大，上出器口，下及器腹。壶体四面以蟠龙纹为主体纹饰，并在腹部四角各铸一条飞龙。圈足下以两只伏虎承器。

莲鹤方壶

🌸 琉璃花

故宫是一个庄严的宫殿群，为了彰显当时帝王的地位，工匠们用高耸的墙壁、平整的广场、威严的宫殿树立了故宫的风格。

琉璃莲花

当你站在故宫北侧的景山之上，向南望去，这座由红墙金瓦组成的宫殿群在阳光的照耀下熠熠生辉。

琉璃瓦可以说是故宫建筑重要的组成部分，不光出现在屋檐之上，还出现在墙壁当中，它是整个故宫美学重要的一部分，通常以琉璃花的形式，成为各个部分重要的装饰品。

琉璃花几乎遍布故宫内大大小小的宫门旁边，有高洁且具有宗教意向的莲花，有高贵富丽的西番莲（大丽花），有富贵的牡丹，有典雅的菊花、兰花，等等。这些琉璃花为故宫增添了别样的光彩。

琉璃花

天下太平，五谷丰登：吉象

🌀 形象传说

很多人都听过"曹冲称象"的故事。三国时期，孙权送给曹操一头大象，曹操大喜之下提出一个问题：谁能称出大象的体重？

曹操的儿子曹冲站了出来，他利用水的浮力，找出与大象同等重量的零散石头堆。再将石头称重，就得出了大象的体重。这就是著名的"曹冲称象"的故事。

在很久很久以前，大象生活在黄河以北，现在的河南地区，古时就有大象出没。

随着时间的流逝，大象的足迹开始渐渐向南迁移。到了隋唐时期，在广东、浙江等地，依旧还能看到野生大象的身影。

大象的体形巨大，寿命很长，又非常聪明，所以在人们的认知中，大象就成为一种兼具神性与灵性的存在，还被称为"摇光之星"。汉代《春秋运斗枢》说："摇光之精，散为象变。"摇光是北斗七星的第七颗，它有"和气、祥瑞"的寓意，而具有其精华的大象自然有祥瑞的象征意义，象征着政通人和、百业兴旺和太平盛世。

🌸 象舞

中国是历史悠久、传承有序的礼仪之邦，从上古留传至今的礼乐传统中，就有大象的影子。

先秦的时候，就有最典型的"象舞"。中国古代经典著作《礼记·内则》中就提到成童舞象。周代，贵族子弟们会学习舞乐，其中一种就是象舞，这个时期的象舞，属于模拟舞，模仿的就是大象。象舞在周代典礼中运用得较为广泛，但后来更多是在仪式中，大象表演舞蹈或者由人模仿大象表演的舞蹈。到了两汉时期，这种表演就逐渐在民间流行了。

至今，南方地区还保存有象舞的习俗，比如江西上犹县的赣南客家"九狮拜象"，

翠太平有象磬

金钟玉磬皆是古代帝王举行重大典礼时所用的乐器。此件翠玉磬上端有钩环可悬挂于木架之上，既可做乐器，又不失为一件精美的艺术陈设品。

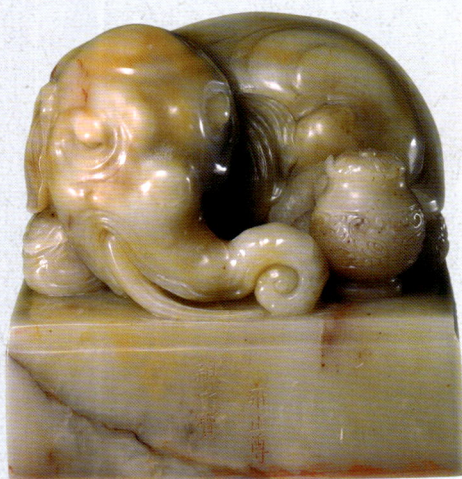

寿山石卧象纽

寿山石卧象纽雕刻细腻，身体各部位比例恰到好处，体态生动，象侧置一宝瓶，取"太平有象"之意。

铜镀金象驮琵琶摆钟

摆钟乐箱上一只大象驮着镶有料石的琵琶形环，上挂二针时钟，钟为琵琶摆。象腹及象尾后有料石花和5朵菠萝花。

广西德保象舞游艺活动，广东海丰县公平镇"麒麟狮象舞"、汕尾陆河县"南万吉象歌"等为人所熟知。这些象舞融入了歌功颂德、喜庆娱乐、祈福驱邪等丰富的文化内涵。

除此之外，舞象也用来形容年纪。成童舞象，就是指15~20岁的男孩子，可以学习骑射，可以去上战场了。后来也逐渐演变成单纯用舞象代指这个年纪的男孩子。

象宝宝，最可爱！

雨花阁

大象体形巨大，但是行为却非常柔和温驯，是佛教中具有重要象征意义的动物。在故宫中最大的佛堂就是雨花阁。

雨花阁位于故宫内廷的西侧，是由乾隆皇帝下令，在明代原有建筑的基础上改建的。

雨花阁有着和其他宫殿截然不同的喇嘛塔式的宝顶，这种宝顶最显著的特点，就是能看到屋脊上铜做的行龙以及在屋檐下的柱头飞龙。二者都是龙头朝外，气势昂扬。雨花阁外面看起来有三层，但是内部其实是四层的，一、二层之间靠北设有暗层。雨花阁里面藏着我国现存最完整的4部藏密典籍，对于研究藏传佛教具有重要的意义。

故宫里的佛教建筑到底有什么用呢？这就不得不提到清代宫廷的主流宗教信仰。清代皇帝十分重视藏传佛教，雍正皇帝作为皇子生活的王府（雍和宫）甚至被改建成了专门的宗教场所，承担起了非常重要的外交与宗教功能。

☁ 太平有象与八宝

　　看到这件文物，大家也许会很好奇：为何大象会驮着一个宝瓶？其实这个形象，是中国传统的吉祥纹样之一——太平有象。瓶与平同音，取的就是天下太平、五谷丰登的意思。

　　除了宝瓶，大象的身边还有 8 个装饰物。这些来自中国传统的吉祥纹样——八宝。

珐琅太平有象

宝瓶

莲花

吉祥结

法轮

八宝本是佛教中的 8 种法器，也被称为八吉祥，分别为宝瓶、宝盖、双鱼、莲花、右旋螺、吉祥结、尊胜幢、法轮，象征吉祥、幸福、圆满。

随着时间的推移，八宝逐渐脱离了佛教的含义，开始普遍地出现在人们的日常生活中，成为单纯拥有美好象征意义的纹样。

八宝纹

右旋螺

双鱼

宝盖

尊胜幢

鲤跃龙门，万事归新：锦鲤

🌸 形象传说

《庄子·秋水》记载，庄子和惠施游于濠梁之上，见白鲦鱼出游从容，于是有了著名的"子非鱼，安知鱼之乐"的辩论。古人看鱼，通常是借看鱼展现和寄托自己的想法与感受。

传说孔子的夫人生下一个男孩，有人送了几尾鲤鱼来，孔子"嘉以为瑞"，于是为儿子取名鲤，表字伯鱼。由此可见，以鲤为祥瑞的习俗，可能在春秋时已经普及。

陶渊明《始作镇军参军经曲阿作》云："望云惭高鸟，临水愧游鱼。真想初在襟，谁谓形迹拘。"是借鱼来表述自己的想法。李白也曾以《观鱼潭》"观

鱼碧潭上，木落潭水清。日暮紫鳞跃，圆波处处生。凉烟浮竹尽，秋月照沙明。何必沧浪去，兹焉可濯缨"来展现景色之妙。

而且，"鲤鱼跃龙门"的美好传说还使人们在鲤鱼身上寄托了望子成龙的期盼，这种观念甚至远传到了日本。在日本，店铺开张之日，也会特意将养了鲤鱼的鱼缸放在门前以求"利市""大吉"。过新年的时候还会悬挂一对"元宝鱼"。

灵沼轩

锦鲤在水中游动，色彩缤纷，寓意吉祥，非常好看。清代皇室成员也喜欢观赏锦鲤，为了观赏锦鲤，还专门修建了一座建筑——灵沼轩，只可惜这座灵沼轩并没有修建完成，现在我们只能看到一个钢结构的建筑骨架。

灵沼轩为什么没有修建完成呢？

1909 年，东六宫之一的延禧宫屡次遭受火灾。隆裕太后想要掘池蓄水，在水上修建一座西式的钢架建筑，希望以水镇压宫内频繁发生的火灾，并亲自取名灵沼轩。

"灵沼"来源于《诗经·大雅·灵台》中的"王在灵沼，于牣鱼跃"，意思是"这是帝王的恩泽之处"，这也表达了隆裕太后希望能恢复皇室的荣耀。

灵沼轩除了故宫内罕见的钢架结构，还试图采用玻璃作为建筑材料，让人能在

地下室内看到外面池子里游荡的锦鲤，堪称国内最早的水族馆。

不过，这座美轮美奂的建筑并没有建完，1911年，辛亥革命爆发，1912年，中国最后一个皇帝溥仪退位，灵沼轩也停止了建设，在故宫遗留下了这样一座未完成的建筑。

🌀 漆器

唐代诗人刘禹锡曾在《武陵观火诗》里写道："瑶坛被髹（xiū）漆，宝树攒珊瑚。"

那么，什么叫作髹漆呢？

髹的意思就是用漆涂在器物上。这里的髹漆，其实是漆器的一种制作方法。

中国漆器制作有着悠久的历史。漆器的工艺，早在新石器时代就已经出现，殷商时代已有"石器雕琢，觞酌刻镂"的漆艺。几千年来，劳动人民积累了丰富的漆工经验，漆器也被用于各种生活用具上，并不断地发展革新。明代迁都北京后，甚至有专门的官方机构与场地负责漆器相关的事务，这就是果园厂。

我们现在看到的这件明嘉靖年间的漆器，无论是在美学还是技艺上，都已经是漆器艺术的巅峰作品了，漆器艺术到了封建时代晚期，已经形成一套复杂、科学的操作工艺。

戗金彩漆鱼藻纹茨菰叶式盘

釉里红三鱼纹高足碗

宋代佩鱼之风兴盛，出现了较多的玉鱼，样式、种类不一，或与荷莲、茨菰相伴，或仅单条鱼，或无鳞，或饰横向水线，或饰网格纹。荷花与鱼相并含有连年有余之意，是吉祥图案的一种。

左侧的玉鱼莲坠玉色白，表面有赭黄色斑。鱼小头，长身，无鳞，鱼身弯成弧状，昂首，尾上翘，鳍短而厚。鱼身旁伴一荷叶，长梗弯曲，盘而成环，可供穿系绳。

五彩鱼藻纹盖罐是明嘉靖官窑青花五彩瓷器中的名品，形体高大规整，胎体厚重，色彩艳丽，构图疏密有致。所绘鲤鱼鳞鳍清晰，与周围的莲花、浮萍、水草融合在一起，显得生动逼真。

玉鱼莲坠

五彩鱼藻纹盖罐

锦鲤到，福气到！

雅乐为美，礼之传承：麒麟

形象传说

在中国古代神话传说中，麒麟只在品德高尚的人面前出现。传说它的头上长着一只角，身体像鹿，长满了五彩的毛，尾巴像牛尾巴，四蹄像马蹄子。而麒麟有如此高的知名度，很大程度上和孔子相关。

相传孔子出生时，他的妈妈梦见瑞兽麒麟在她的面前吐出一部玉书，这就是典故"麒麟吐书"的由来，所以孔子也被称为麒麟儿。随着后世的演变，麒麟儿也逐渐成为夸耀小孩子优秀的称呼，民间还有对联写作"天上麒麟儿，地下状元郎"。

"西狩获麟"这个故事依旧与孔子有关。

孔子修订了《春秋》，这是我国第一部编年体史书，也是周朝时期鲁国的国史。《春秋》记载的最后一条是哀公"十四年春，西狩获麟"。这句话的意思是，鲁国的君主哀公在位的第十四年春天，在西边狩猎到了麒麟并带了回来。

青玉麒麟吐书

58

至此，鲁国的历史依旧继续，孔子作《春秋》却就此辍笔，史称"获麟"，《春秋》的别名，也叫《麟经》或者《麟书》。

孔子辍笔到底与麒麟有没有关系呢？传说中的麒麟到底长什么样子呢？这些问题还没有答案，也许随着时间的推移，随着更多历史资料与文物的发现，这个问题才会有解答。

畅音阁

据说麒麟发出的声音就像音乐一样洪亮动听，人们喜欢麒麟，喜欢倾听麒麟如音乐一样的叫声。在故宫内，也有一座建筑专门为欣赏音乐而修建，它就是畅音阁。

畅音阁位于故宫内廷东侧的宁寿宫内，是一座三层的环形戏台建筑，由表演的舞台畅音阁、畅音阁的后台以及前方用来听戏的阅是楼组成。

皇帝通常是坐在戏台对面的阅是楼内看戏，与戏台间隔一个数十米宽的小广场。而后妃们则在戏台两侧的廊下看戏，距离这么远的情况下要获得良好的视听体验，就要凭借畅音阁内部的"音响系统"。这一"音响系统"利用了多种物理原理。

首先是共鸣原理。畅音阁第一层舞台木地板下有夹层。这个夹层与地面用木板隔离，仅留出入口，夹层的中央及四角各有一个地井，中间的为水井，其余 4 个是空心土井。这 4 个空心土井，就形成了畅音阁的"音响"，可产生共振，并形成共鸣的效果。

其次是畅音阁水井和藻井的混响效果，工匠们利用了声音的折射原理，配合畅音阁环形建筑格局，由此增强声音的响度和强度。种种巧思，就构成了这个故宫内最大的"音响系统"。

爱看戏的皇帝们

清代的统治者们都非常喜欢听戏。顺治皇帝还曾经派人按照自己的想法去修改戏曲剧本，他的儿子康熙皇帝也是戏迷，他不光模仿父亲派人整理剧本和曲谱，还设置了一个专门培养戏曲表演者的机构："南府"。康熙皇帝的孙子，乾隆皇帝，不光制定了不少关于戏剧表演的政策，比如庆典承应制度，还在自己退位后居住的宁寿宫，专门修了个小戏台，方便太监们随时给他表演。

当然，最痴迷看戏的还是慈禧太后。她不仅喜欢听戏、看戏，还喜欢穿上戏服，自己扮成剧中的观音模样，并用了当时的高科技——相机拍摄记录下来。可以说，看戏算得上是故宫里的贵族们最喜欢的"文娱活动"之一了。

清人戏剧人物成扇

麒麟宝宝爱看戏！

蓝色缎金线绣麒麟图挂屏为蓝色缎质地，以圆金线平金法绣麒麟一只。麒麟在中国传统民俗礼仪中有祈福的寓意。整幅画面色彩鲜艳，热烈欢快，具有很强的装饰效果。

青花麒麟翼龙纹盘内外为青花装饰。内底绘一麒麟驻足于松柏、山石与蕉叶间，内壁绘四行龙穿行于云海之间。外壁绘缠枝莲纹。麒麟作为古代一种祥瑞动物，广泛出现于明代各时期的瓷绘之中，象征着吉祥幸福。而纹饰中麒麟与龙纹组合在一件器物上，在永乐、宣德青花瓷器中却比较少见。

蓝色缎金线绣麒麟图挂屏

青花麒麟翼龙纹盘

蓝釉刻麒麟纹执壶颈部刻朵云纹，腹部桃形开光内刻麒麟云纹，蓝色釉地衬托出褐色的纹饰，颇具立体效果。

铜镀金仙猿献寿麒麟驮钟整体为铜镀金，由上、中、下三层组成。上层立一祥瑞动物麒麟，背负三针时钟。

蓝釉刻麒麟纹执壶

铜镀金仙猿献寿麒麟驮钟

鹿禄相通，声声为雅：神鹿

🌸 形象传说

在现实生活中，鹿是一种常见的动物，但在中国古代神话传说中，鹿是天上摇光星散开时生成的瑞兽，常常和神仙出没于仙山之间，向人间布福增寿，送来安康。

鹿与人类渊源颇深，距今3000多年的殷商时代出土的器具上就已经有了鹿的身影，记载了人类驯养鹿的历史。人们在驯养鹿的同时，也以丰富的想象力，为鹿赋予了更多的精神意义。

南北朝时期，九色鹿的故事流传开来。传说有一只九色鹿王，它冒险救了落水之人，落水之人万分感谢，并答应九色鹿的请求，发誓不将它的存在告知别人。国王下令悬赏捕捉九色鹿，落水之人贪图钱财，违背了誓言向国王告密，最后受到了惩罚。

明代皇帝朱元璋在自己的妻子马皇后死后，下令在明孝陵植松树、养长生鹿，这些鹿都挂着长生的牌子，寄予了当时帝王的期盼。如今明代已经成为往事，但是明孝陵的长生鹿，却一代代繁衍生存至今。

玉卧鹿寿星山子

白玉镂雕松鹿纹带饰

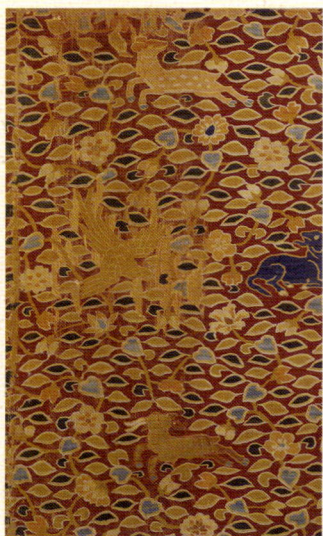

缂丝紫天鹿

广绣鹤鹿同春图

铜镀金鹿驮转花变花钟

🌸 储秀宫

传说，神鹿脚步轻盈地迈进了故宫中，然后在一栋美丽的庭院前停下脚步。这栋美丽的庭院就是储秀宫。

储秀宫属于故宫西六宫之一，位于中轴线的西侧，坤宁宫正西，威福宫之东，翊坤宫之北。光绪年间，慈禧太后50岁大寿时，还特意花了60多万两白银重修了储秀宫。整个重修过程中，大部分建筑都做了翻修，只有苏式彩画保留了原样。

大家在故宫里，能看到各种建筑房檐下的彩画，但你知道这些彩画也是分等级的吗？

故宫主流的彩画有3种：和玺彩画、旋子彩画以及苏式彩画。其中，和玺彩画是等级最高的，一般用在主要的宫殿里。大家在太和殿看到的蓝绿配色，画中有金龙、金凤的，就是和玺彩画了。

旋子彩画的图案则以花纹为主。而储秀宫的苏式彩画，画风则活泼、轻松。当年明代修建故宫的时候，非常多的工匠来自南京，也将南方风格的彩画带进了故宫。

和玺彩画

旋子彩画

玉寿鹿山子

玉山子是一种带有绘画风格的玉器形式，能工巧匠以玉石为底取景、布局，描绘和记录一个美好的场景，这种形制的玉器充分展现了随着生产力的提高，人们在精神层面的美好追求。

右图为明代文物玉寿鹿山子，从这件摆件上，我们能看到一位拿着如意的老人站在结着桃子的树下，望向远方，手轻轻摸着一头小鹿，在山崖下，另一头小鹿衔着灵芝，仰头望向老人。看到这样的场景，你会想到什么呢？

玉寿鹿山子

鹿禄吉祥

中国第一批非物质文化遗产——顾绣

下面这幅看似以笔绘制的作品，其实是一幅用针线刺绣而成的艺术品，这幅绣品作者叫韩希孟，是一名生活在明代的女子。才华横溢的韩希孟在适龄时嫁给了当时江南世家顾家子弟顾寿潜。顾家的顾绣本就出色，而韩希孟凭借自身的能力进一步发展了顾绣，所以顾绣也称韩媛绣。在一代又一代传人的努力下，顾绣留传至今，并在 2006 年的时候，成功入选中国第一批国家级非物质文化遗产名录。

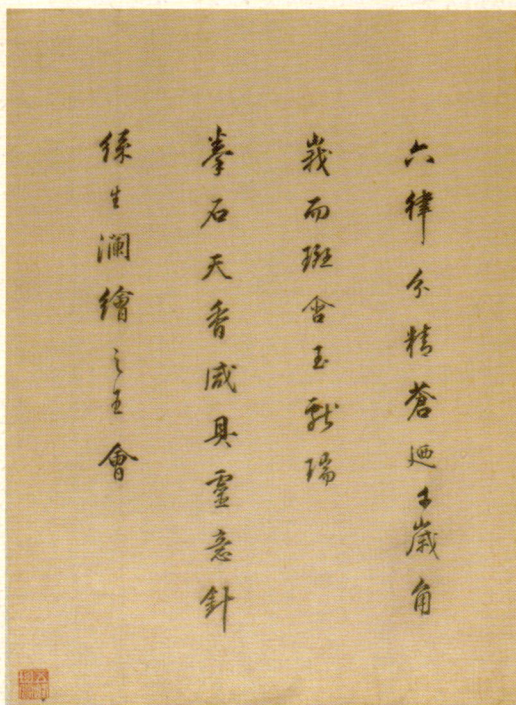

《瑞鹿图》描绘的是一只梅花鹿于桂花飘香的岸边悠闲踱步。小鹿以暗褐色皮毛配以黑色鹿角、白色斑点和炯炯的双目，活泼机敏，神采奕奕。

对页为董其昌题诗："六律分精，苍乃千岁。角峨而斑，含玉献瑞。拳石天香，咸具灵意。针丝生澜，绘之王会。"

黑水之地，北方之神：玄武

形象传说

　　玄武，代表着北方的方位，还代表着北方极寒之地。汉代刘安在《淮南子·时则训》中曾这样描绘北方之地："北方之极，自九泽穷夏晦之极，北至令正之谷，有冻寒积冰，雪雹霜霰，漂润群水之野，颛顼、玄冥之所司者，万二千里。"玄武代表的就是这样一个偏僻极寒、冰天雪地的北方之地。从此处就可以看出，2000 年以前，人们对于地理、方位的探索，已经有了相对明确的认识。

　　玄武形象由龟、蛇两部分组成，为何会是这样一个形象呢？

玄武纹瓦当

我们都知道，时空由时间和空间组成，这个对于我们来说是常识，但是不知道时空为何的先祖们要怎么办呢？

　　先祖们发现，太阳的起落在相对固定的方位，于是他们根据太阳影子的位置，在地上放了一块平整的尺，名叫圭，立木柱做表，利用圭表影子的位置做了时间与空间的判断，这就是测量日影之法。测量日影之法不光能判断时间与空间，还能用于设定节气。

钦安殿和天一门

玄武是水神，居住在北海，代表着北方的方位。在故宫中有一座大殿，就供奉着玄武，这个大殿叫作钦安殿。

钦安殿位于御花园正中的位置，这是一座有着宗教属性的建筑，殿内供奉着玄武大帝。清代的时候，皇室每年元旦都在这里设立斗坛，做祭祀之用。

玄武大帝在神话体系中被称为水神，也被称为北方之神。

而钦安殿的南门叫作"天一门"，取"天一生水"的意思，也和水有着密不可分的关系。

《神龟图》

　　龟在古代为祥瑞之兽，与麟、凤、龙并称"四灵"，"四灵"再加上白虎，又称"五瑞"。此图右下临水沙滩上绘乌龟一只，仰首，口中喷出一股云气，祥云中现出一轮红日，日中有"雪"字。衬景是广阔的水面和沙丘，使画面平添了神秘感。此图用笔工整细腻，龟之甲纹描画得一丝不苟。构图简洁，设色妍美，画风近院体，为张珪传世孤本。

甲骨文与象形文字

玄武作为"四象"中唯一由两个动物形象组成的瑞兽，其龟、蛇两种形象本身就拥有各种衍生和传说。而玄武重要的组成部分——龟甲，也和甲骨文有关。

甲骨文，是我国的一种古老文字，也是已知的能见到最早的成熟象形文字。

大家知道什么是象形文字吗？

象形文字是一种以形表意的文字，就是用图案表达意思。这需要我们的先民细致地观察

浮雕玄武长方砖

铜玄武像

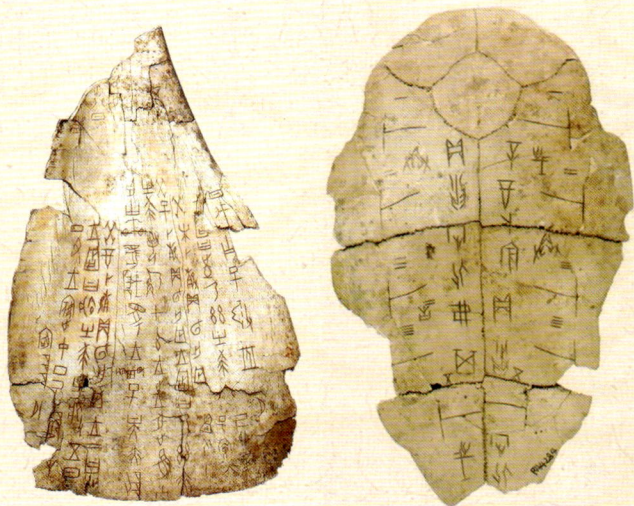

世界，充分地发挥想象力，去思考去总结，最后形成表达含义的图形，最后将其刻在龟甲或者兽骨上，用以记录和留存下来。

也正是先民们开始用文字记录自己的观察与思考，才让我们的文明有了发展和延续。文字，让旧的文明保留，新的文明诞生，是中华文明的重要组成部分。

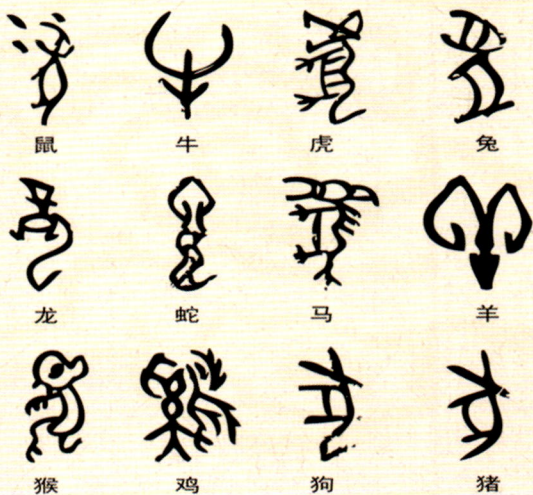

甲骨文十二属相

鼠　牛　虎　兔
龙　蛇　马　羊
猴　鸡　狗　猪

甲骨文

我们是个组合哦！

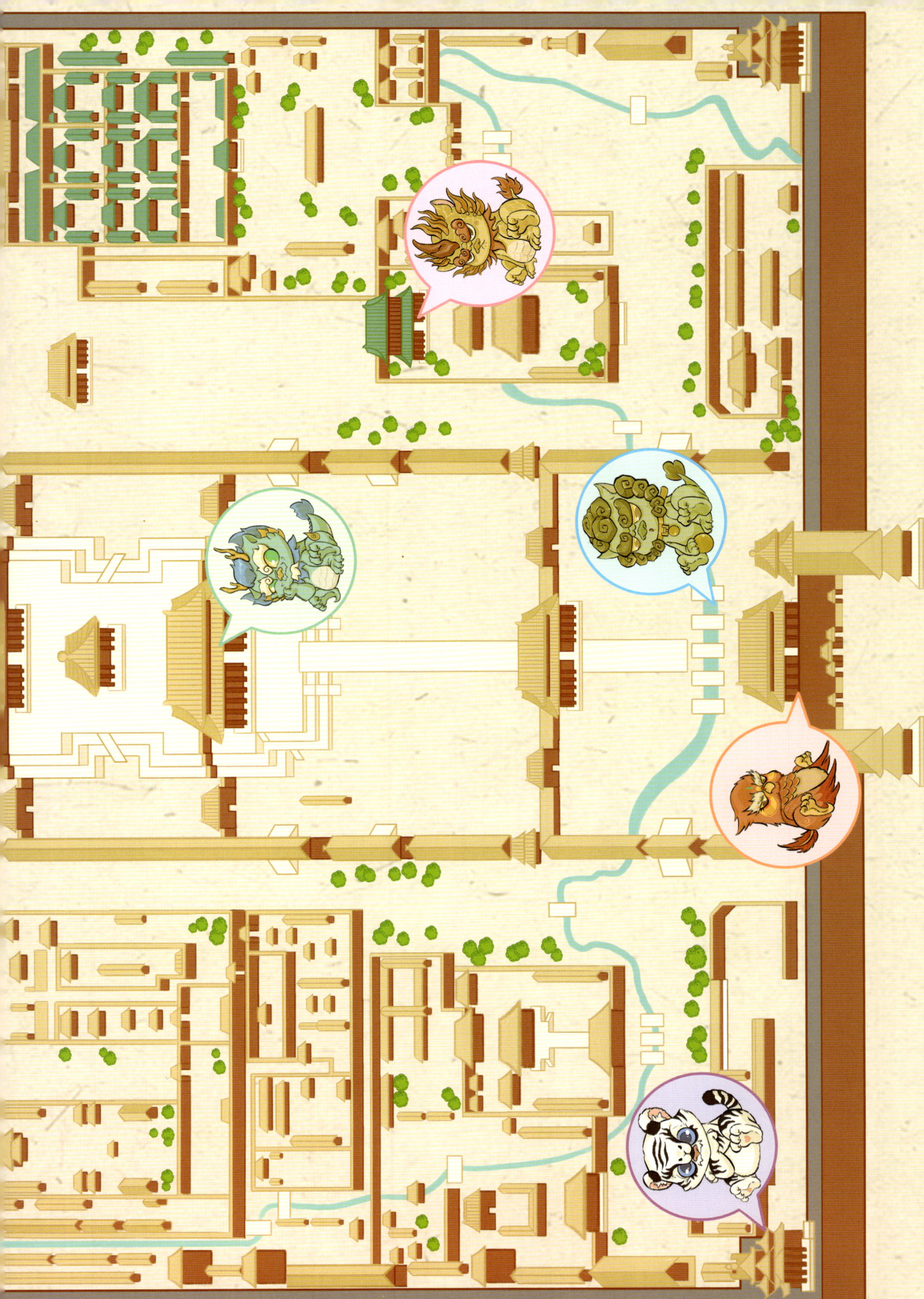

最后，让我们一起在故宫里寻找那些神奇的瑞兽和令人惊叹的美丽建筑吧！